I0447952

Costanza Battistini

IPNOSI

la conoscenza che ti fa scegliere

In copertina disegno originale di **Carlotta Mazzoni Tondi**

A Isotta e Mattia,
che sappiano immaginare e costruire il loro cammino.

Ma s' io avessi previsto tutto questo,
dati causa e pretesto, forse farei lo stesso.

(F. Guccini)

1. Introduzione

A lungo ho pensato che mi sarebbe piaciuto scrivere: avrebbe potuto essere un romanzo a tema, una raccolta di tecniche oppure la narrazione di casi particolarmente significativi.

Qualche tempo fa, durante una lezione d'ipnosi, misi a disposizione l'incertezza di questa idea come esempio di utilizzo nel cosiddetto *Gioco delle Parti*.

Scopo di questo esercizio è costruire un dialogo tra parti interiori sostenitrici di convinzioni opposte, affinché ognuna possa esprimere le proprie ragioni, ascoltare le difensive, presentare proposte per arrivare infine ad un accordo.

Sarei stata veramente in grado di scrivere, oppure lo dicevo così, tanto per dire?

Identificai la parte volitiva, la contrapposi a quella che si presentò con atteggiamento svagato e la risposta arrivò subito chiara: avevo argomenti opportuni ma avrei compreso come utilizzarli solamente dando voce ad una parte sentimentale di me.

Per questo motivo il lettore sarà costretto a seguire gli intrecci tra la narrazione concettuale e la mia storia personale, in una sorta di *entanglement* in cui i fatti trovano corrispondenza nella teoria rendendo impossibile distinguere gli uni dall'altra.

Un percorso del quale sono riconoscente a Marco Chisotti, ideatore della Scuola d'Ipnosi Costruttivista di

Torino, che quel giorno condusse il Gioco: amico e maestro, mi ha sempre sostenuto nelle scelte importanti.

Il ringraziamento si estende a tutti coloro che hanno percorso con me questo cammino, compagni di studi, colleghi ed a quanti si sono affidati alle mie strambe parole.

2. Prefazione

Noto spesso l'abitudine di considerare gli esseri umani uguali tra loro ma nei racconti della propria esistenza, a ben ascoltare, le somiglianze sono davvero poche. Eppure spesso ci obblighiamo in percorsi già segnati, verso realizzazioni preordinate, in forme più o meno conosciute al di fuori delle quali ci sentiamo un po' sperduti.

Per quanto sia necessario condividere regole e linguaggi, sarebbe utile diventare il più presto possibile consapevoli della complessità esistenziale che coinvolge l'uomo e il suo mondo.

Preferisco uscire dalla regola della causa-effetto comune e uguale per tutti, dall'idea sbrigativa che siamo esseri complicati. Un oggetto complicato comprende parti semplici e divisibili connesse tra loro da rapporti lineari, come un groviglio di fili colorati che potrebbe essere sciolto seguendo il tragitto di ogni elemento e alla fine non sarà rimasta alcuna traccia del suo tortuoso percorso.

L'essere umano è complesso, non complicato, e la complessità contempla intrecci inestricabili che seguono la logica degli eventi e dei comportamenti.

Il mondo è complesso in ogni ambito (sociale, culturale, scientifico), le situazioni cambiano più velocemente della capacità che abbiamo di comprenderle e gli eventi accadono in maniera caotica, lontani dalla rigorosa coerenza.

La complessità necessita di un pensiero complesso,

che sia in grado di comprendere il molteplice ed il contraddittorio, in cui la considerazione del movimento prevalga su quella di stabile struttura, della dinamica flessibile su quella lineare, del procedimento logico per derivazione sul nesso causale che lega l'evento al fatto.

Sarebbe opportuno che le nostre aspettative fossero approssimative ed i progetti solo abbozzati, per aggiustare il tragitto a seconda degli accadimenti, assecondare le implicazioni di nuove conoscenze, continuare a motivarsi con inaspettate passioni.

Ciò che è senza ambiguità e senza contraddizioni coglie soltanto un lato delle cose, afferma Carl Gustav Jung, mentre Edgar Morin suggerisce l'utilità di immergersi costantemente nelle acque del dubbio.

Detto con altre parole, occorre rendere funzionale l'incertezza partendo dal presupposto che la conoscenza sia sempre e comunque provvisoria e che esista un mondo anche al di fuori delle proprie percezioni sensoriali.

All'interno di una stanza buia come la pece si trovava sdraiato un enorme elefante addormentato.

Un gruppo di persone, che nella loro vita non aveva mai sentito parlare di un simile animale, doveva scoprire che cosa fosse l'oggetto misterioso.

Poiché l'oscurità impediva di distinguerne la forma, le persone toccavano l'animale per farsi un'idea.

Il primo toccò la zampa del pachiderma e disse: "Certo, è semplice, si tratta di una enorme colonna!"

Il secondo che palpò l'orecchio esclamò: "Ma che dici, si

tratta sicuramente di un enorme ventaglio!"

Il terzo che afferrò la proboscide, sentenziò: "Ma siete impazziti? Come può essere ciò che dite? È fuor di dubbio un serpente!"

Quello che abbrancò il dorso dichiarò: "Io penso che abbiate le traveggole, come fate a non accorgervi che si tratta di un enorme trono?"

Quello che toccò la testa disse: "Non sono d'accordo con nessuno di voi, l'oggetto in questione è indubbiamente una caldaia!"

E così via. Poiché l'opinione di ciascuno si basava su un'esperienza frammentaria, vennero fuori tante definizioni diverse quante le diverse parti toccate del pachiderma.

Ciascuna persona credeva di aver capito che cosa fosse l'oggetto misterioso e, siccome ognuno sosteneva la sua opinione, cominciarono a discutere animatamente: "L'oggetto misterioso rassomiglia a questo!" "No, a quello!" "Non rassomiglia a quello, ma a questo!"

Ma quando venne accesa la lanterna nella stanza videro l'intero animale e compresero che ciascuno aveva posseduto solo una parte della verità, confondendola per la totalità. (Il dito e la luna, G. Magi)

Il fatto che io una cosa non la veda, non significa che non esista: posso scegliere di ignorarla ma non negarne l'eventualità.

Dunque non esistono principi e concetti universalmente validi e riconosciuti, così come non esiste una realtà esterna, oggettiva ed uguale per tutti gli esseri viventi né la possibilità di prevedere con esattezza esaustiva ipotesi e funzioni.

L'essere umano impara dalla propria esperienza e ne ricava regole personali; valuta e decide in base ad asserzioni imprecise, parzialmente vere e parzialmente false, a volte contraddittorie e sovrapposte.

È di solito questo l'ambito entro il quale decidiamo della nostra vita, sia che abbiamo spazio per pensare e valutare o che ci troviamo nell'urgenza di tempi ristretti.

Credere che esista la risposta esatta è illusorio e la genialità di alcune scelte dovrebbe farci capire di chi o cosa possiamo fidarci.

3. Cambiamento

Pretendiamo molto da noi stessi.

Ci viene richiesto da bambini, per introdurci in modo adeguato nell'ambiente familiare e sociale, continuiamo da adulti per mantenere ruoli e relazioni.

Riceviamo valori, priorità, doveri, legami, progetti e presto o tardi siamo chiamati a verificare la loro compatibilità con i nostri, quelli in cui ci sentiamo spontanei e per difendere i quali non sentiamo la fatica.

Sono gli imprevedibili eventi a portarci alla riflessione, i quali si presentano sotto svariate forme, non necessariamente drammatiche anzi, spesso ci sorprendono per noia.

Quest'ultima condizione è sicuramente la più auspicabile, poiché agisce in un contesto bisognoso di curiosità e desideroso di conoscenza, ammesso che ci si senta autorizzati a sperimentare e, se necessario, ad osare.

È questo il momento difficile: quando bisogni e desideri propri incrinano gli equilibri.

Per sostenere il percorso di scoperta sono necessarie almeno due condizioni: la prima riguarda la consapevolezza del cambiamento da raggiungere; la seconda ammette il bisogno di una forza sostenitrice che difenda e alimenti la determinazione personale.

Ma cos'è il cambiamento, come si manifesta, perché spaventa e chi?

Personalmente ho sempre sospettato di chi sollecitava

un mio cambiamento. Perché avrei dovuto cambiare e cosa? Abitudini? Atteggiamento? Capacità relazionale? Sono sempre stata convinta che ognuno faccia del proprio meglio, anche quando il risultato non soddisfa, e che le esortazioni al cambiamento siano causa di frustrazione.

Voglio dire che se mi fosse stata chiara la direzione da prendere, l'avrei presa!

Pongo un'altra domanda. Coloro che sostengono di conoscere la strada verso il proprio miglioramento, di che cosa hanno bisogno per imboccarla?

In ogni caso, alla fine sono cambiata e ho capito che il cambiamento non è mai dentro di noi e che di noi ci possiamo fidare.

È stato quando mi sono alleggerita di compromessi, patti e precarie intese che la gente ha visto un cambiamento: io ero esattamente come prima. Però più sincera e libera, poiché il solo cambiamento capace di renderci più felici è quello che rende protagonista la nostra spontaneità.

Se l'ordine emerge dal caos, diventa inevitabile passare attraverso turbolenze ma, per raggiungere un ordine relativamente stabile, occorre trovarsi alla giusta distanza dalla situazione di equilibrio.

Purtroppo quando siamo molto vicino al punto di stabilità non si forma nulla di interessante, mentre troppo lontano la situazione diventa caotica, non si intravedono forme stabili, poiché tutto ciò che si forma si distrugge troppo rapidamente.

In un ruscello che scorre scivolando sulla roccia posta

al centro del greto, se aumenta progressivamente la portata dell'acqua questa fluisce dividendosi temporaneamente all'altezza della roccia, per poi tornare a formare un unico corso d'acqua. Quando il flusso ingrossa, incominciano a formarsi dei vortici a valle dell'ostacolo relativamente stabili che danno forma ad un ordine all'interno della turbolenza. Con un ulteriore aumento della portata i vortici si separano dall'ostacolo e si distribuiscono a valle fino a diventare completamente caotici.

Secondo la fisica le cose tendono naturalmente al disordine ma sono anche sottoposte a processi spontanei che producono ordine. Semplificando si potrebbe dire che il cambiamento è rappresentato dall'ordine che spontaneamente si crea in seguito ad una condizione di caos.

Quando il caos ci fa soffrire, diventa però necessario aiutare il processo che ci conduca all'equilibrio, non più inteso come qualcosa di rigidamente stabile e immobile paragonabile ai piatti di una bilancia a bracci, quanto piuttosto un moto nel quale ogni parte di noi possa collaborare, esprimersi ed imparare.

Utile sarebbe guardarsi con indulgenza, lasciare andare l'inflessibilità di pensiero legata ad un'idea di identità rispetto alla quale abbiamo ben poco margine di azione.

Intendo, per identità, l'insieme delle caratteristiche attraverso le quali ci presentiamo, comportiamo e distinguiamo come individui. Si forma attraverso la relazione che abbiamo con altre persone e l'ambiente, perciò in estrema sintesi essa rappresenta il nostro adattamento sociale.

Ci si abitua ai ruoli che viviamo, che siano professionali, sociali o familiari, ci esprimiamo attraverso di essi cercando un bilanciamento tanto più accettabile quanto simile a quello degli altri.

Una contraddizione esistenziale, se si considera che ogni individuo è intrinsecamente, intimamente originale.

Il collegamento, il confronto, la condivisione e tutto quanto possa essere espresso con la parola *relazione* rappresenta lo strumento attraverso il quale la nostra conoscenza si manifesta ed è questo il motivo per cui quando un rapporto viene interrotto la nostra identità ne risente.

Il caso più rappresentativo è il lutto.

Quando se ne va una persona importante della nostra vita, con essa viene meno la parte di noi che si manifestava in quella relazione.

Non è soltanto l'assenza fisica dello scomparso a farci soffrire, è anche la perdita del ruolo che attraverso quella relazione vivevamo, dell'interlocutore che sapeva stimolare certi nostri pensieri, di qualcuno che ci aiutava a vedere in noi cose che da soli non sappiamo apprezzare.

Quando morì mio padre, compresi cosa significasse essere figlia. Non lo avevo ancora capito fino a quel momento, nonostante fossi già doppiamente madre. Non avevo capito neanche fino a che punto lui, riservato nei sentimenti, mi apprezzasse.

È una beffarda modalità, quella che ci porta a

conoscere per distinzione. Così come non si riesce a vedere una figura bianca sullo sfondo bianco fino a quando uno degli oggetti non cambia colore, allo stesso modo non riusciamo a sapere cosa significhi essere figli fino a quando i genitori si prendono cura di noi.

Ciò che mi è mancato dopo è stato il senso di protezione, il riconoscimento delle mie capacità, la sincerità nella comunicazione. Non intendo dire che condividessi le sue scelte, che ho fin troppo subito, ma di sicuro erano trasparenti e senza ambiguità.

Dopo è stato tutto più confuso, le parole equivoche, le finalità non condivise. E' stato necessario conoscere ambienti e persone nuove per tornare a sentirmi ascoltata e libera di essere custode del mio lutto, in fondo orgogliosa dell'importanza del ruolo che avevo avuto e, un po' alla volta, me ne sono andata quasi da tutto.

L'età ha aiutato: non è un modo di dire che verso i quaranta sia probabile vivere momenti di crisi. E' che si fanno i conti con ciò che hai realizzato e quello che avresti voluto e i miei conti non tornavano.

Ero sempre più in affanno, anche perché avevo conosciuto l'ipnosi.

4. Ipnosi

La mia versione dell'ipnosi parla di conoscenza. Alcuni utilizzi di questo particolare stato della mente sono stati presentati con nomi più specifici come PNL, mentalismo o meditazione ma se si vuole includere ogni esperienza raggiungibile attraverso lo stato di trance, credo che la parola *ipnosi* rimanga la più adatta.

Il termine fu coniato a metà del 1800 da James Braid, medico inglese, il quale volle definire uno stato di eccitazione della mente che tutti potevano essere in grado di provare. Fino ad allora il mesmerismo aveva proposto lo stato ipnotico come effetto della trasmissione di fluidi magnetici che soltanto alcune persone particolarmente dotate possedevano.

Negli anni di spiegazioni relative a questo particolare stato di coscienza ne sono state presentate molte, senza veramente arrivare ad un concetto univoco che, oltre a mettere tutti d'accordo, possa far capire di cosa si tratti.

Che a tutti quotidianamente capiti di ritrovarsi in stati di trance è risaputo: ogni volta che l'attenzione si concentra su di un unico argomento, quando la mente si sposta nel tempo e nello spazio sul filo dei ricordi o guidata dall'immaginazione, in quei casi in cui arriviamo a destinazione senza esserci accorti del viaggio. Si tratta di preludi, condizioni favorevoli, che possono svilupparsi in ipnosi. Le tecniche di induzione in trance stimolano reazioni naturali come queste, per raggiungere lo stato mentale (o stato di coscienza) propizio ad esperienze intra-personali e trans-personali.

L'approfondimento dello studio e dell'applicazione dell'ipnosi è strettamente legato alle scoperte conseguenti alle ricerche relative al funzionamento della mente umana, le quali presero a lungo in esame esclusivamente quella malata.

Ora l'interesse è rivolto alle persone cosiddette sane, ai loro bisogni, alla loro capacità di vivere, sopravvivere, progredire ed evolvere. Il contesto applicativo è profondamente cambiato dai tempi delle povere isteriche alla Salpêtrière, sulle quali Charcot studiò l'ipnosi dal punto di vista fenomenologico quale espressione di nevrosi, ed è stato modificato l'atteggiamento: la figura imponente dell'ipnotista che intimorisce con ostentata superiorità, ha lasciato posto ad un rapporto alla pari tra chi guida e colui che accetta e chiede di essere guidato.

Per me l'ipnosi è conoscenza della propria conoscenza; la trance necessaria è uno stato di attenzione verso ciò che si vuole conoscere.

È il primo passo verso una comunicazione efficace. Se desidero portare considerazione su di un argomento, è utile che mi concentri solo su quello: se introducessi continui richiami ad oggetti che voglio non siano presi in considerazione, il mio messaggio risulterebbe fortemente inquinato.

Non pensate anche voi che sarebbe più corretto suggerire ad un bambino il modo giusto di scendere una scala, anziché metterlo in guardia (prospettandogliela) da una rovinosa caduta? In fondo sono veramente pochi i modi di salire o scendere, rispetto alle infinite combinazioni accidentali!

Eppure tendiamo a comunicare attraverso divieti, a manifestare il malessere esprimendo ciò che non siamo, a cercare di migliorare la situazione elencando quello che non vogliamo.

Finché continuerò a pensare cosa non mi piace, sarà difficile avere chiarezza di ciò che desidero e i miei pensieri si disperderanno in direzioni che non sono interessata a conoscere.

Una buona comunicazione passa attraverso l'eliminazione del superfluo che confonde e indebolisce il messaggio.

Se il mio interesse riguarda il corpo e le sue funzioni, mi concentrerò su quello; se desidero comprendere il mio pensiero, metterò il corpo in una condizione di riposo per dedicarmi alla mente.

In entrambi i casi la prima scoperta da fare riguarda le proprie strategie personali.

Senza mai nominare l'ipnosi, il caso clinico raccontato in *"Viaggio nella mente di un uomo che non dimenticava nulla"* da Aleksandr Lurija, sociologo, medico e psicologo russo i cui studi segnarono l'inizio della neuropsicologia, descrive molto bene come una buona conoscenza di sé possa portare ad utilizzare con profitto le proprie potenzialità mentali.

Un percorso durato trent'anni condotto allo scopo di comprendere attraverso quali particolari strategie il signor

S. riuscisse a ricordare ogni cosa della propria esistenza, dal pianto di neonato spaventato da se stesso, al canto della Divina Commedia ascoltato una sola volta in una lingua sconosciuta. La sua memoria prodigiosa ci conferma che il ricordo si consolida quando più percezioni sensoriali vengono coinvolte nell'esperienza.

Se anche a voi è successo di venire catapultati in uno spazio tempo inaspettato semplicemente ascoltando una vecchia canzone, potete capire cosa intendo: quella musica potrebbe avervi riportato i lineamenti di un volto, l'odore di una nuca, il gusto di un bacio, il calore di un abbraccio.

Interessante risulta la capacità del signor *S.* di modificare alcune funzionalità corporee: quando voleva accelerare il battito cardiaco, gli bastava immaginarsi durante una corsa; visualizzarsi a riposo gli permetteva invece di tornare a pulsazioni regolari. Pensando di impugnare un bicchiere colmo di cubetti di ghiaccio, la temperatura della mano si abbassava; immaginando un fuoco acceso, il corpo si riscaldava.

Le sue abilità si rivelavano utili in cura dal dentista quando, assegnando forma, colore e sapore al dolore, riusciva a ridurne l'intensità fino a farlo scomparire; in alternativa poteva immaginare che quel corpo disteso sul lettino appartenesse a qualcun altro delle cui sofferenze non era tenuto ad occuparsi.

Sono esempi di strategie personali che chiunque può elaborare e che qualcuno chiama ipnosi. Possibilità delle quali si va in cerca nei momenti in cui ci si accorge che ognuno è il migliore, a volte l'unico, alleato di se stesso.

Testimone simbolo di quanto sia determinante la volontà di conoscersi ai fini di una sana sopravvivenza, è stato Milton H. Erickson. Io amo Milton Erickson. Lo immagino ragazzino davanti al dizionario, che scorre parola per parola, pagina dopo pagina, fino ad arrivare al vocabolo ricercato. Fu soltanto in un giorno qualunque della scuola secondaria che, colpito da illuminazione, capì l'utilità dell'ordine alfabetico e ringraziò il suo inconscio per averglielo fatto comprendere così tardi: quanti vocaboli aveva potuto imparare, adottando quel suo personale metodo!

Sento la sua ribellione di diciassettenne all'annuncio dei medici che, a consulto nella stanza accanto a quella dove giaceva vittima del primo attacco di poliomielite, ebbero la presunzione di prevedere la sua morte entro la nottata.

Decise che prima di morire avrebbe visto un ultimo tramonto, perciò chiese di posizionare una specchiera in modo che dal suo capezzale fosse possibile vedere riflesso il calare del sole e testardamente si impose di non darla vinta a quegli uomini che si erano rivelati così crudeli da annunciare ad una madre la morte del proprio figlio.

Vedere un ultimo tramonto avrebbe significato superare quella notte e poter sperare di continuare a vivere.

Fu quella la prima esperienza che molti anni dopo definì ipnotica: l'immagine che egli assorbì con tutta la capacità percettiva di cui fu capace in quel momento, conteneva *focalizzazione, dissociazione, distorsione temporale, sensibilizzazione sensoriale ed elicitazione delle proprie abilità.*

Provo compassione per quel ragazzo dimenticato sulla sedia a dondolo adattata ai bisogni fisiologici. Divenne così intenso il suo desiderio di avvicinarsi alla finestra da provocare un leggero ondeggiamento. In quella circostanza scoprì il principio ideomotorio, fondamentale in ipnosi, in base al quale il solo pensiero o idea di un movimento può portare all'effettiva esperienza di un movimento automatico del corpo.

Da quell'attacco di poliomielite riuscì a sopravvivere, ma completamente paralizzato ed il modesto paese nel quale viveva non offriva opportunità di cure riabilitative.

La determinazione a tornare ad avere pieno possesso delle facoltà fisiche fu la spinta verso la scoperta delle proprie strategie interiori.

Andò a ripescare tutti i suoi ricordi sensoriali per cercare di reimparare a muoversi. Fissava la propria mano cercando di ricordare la sensazione che provava quando, ad esempio, afferrava un oggetto e, a poco a poco, le sue dita incominciarono a fare piccoli scatti, poi a muoversi leggermente in modo scoordinato, fino a diventare movimenti più ampi. Non erano semplici esercizi di immaginazione, ma esperienze di attivazione di reali ed intensi ricordi sensoriali.

Fu così che ciò che in una nota storiella zen condannò il millepiedi a non riuscire più a camminare, per il giovane Milton rappresentò la possibilità di reimparare a muovere il proprio corpo: l'attenzione consapevole.

Sfido chiunque a dare una descrizione altrettanto dettagliata dei primi passi:

"Imparai a stare in piedi guardando la mia sorellina che imparava a stare in piedi: usa le tue due mani come base, allarga le gambe, usa le ginocchia come base larga, poi poggia più peso su un braccio e una mano sollevati. Ondeggia avanti e indietro per trovare l'equilibrio. Esercitati a piegare le ginocchia e a mantenere l'equilibrio. Dopo che il corpo è in equilibrio, muovi la testa. Dopo che il corpo è in equilibrio muovi la mano e la spalla. Metti un piede davanti all'altro mantenendoti in equilibrio".

È con ammirazione che guardo a quel giovane, ancora troppo debole nelle gambe, deciso a partire da solo in canoa per un viaggio lungo il fiume che durò dieci settimane, duemila chilometri e, ricorrendo esclusivamente alla propria intelligenza e alle proprie risorse, lo vide ritornare a casa robusto, orgoglioso e autonomo.

La scelta dello studio della medicina fu conseguenza della sua condizione fisica, che lo privò della possibilità di dedicarsi a ciò che fino a quel momento era convinto sarebbe stato il suo futuro: l'agricoltura. Ebbe così la possibilità di scoprire che alcuni dei fenomeni da lui vissuti come esperienza interiore, venivano esaminati come attinenti all'ipnosi.

Incominciò a partecipare ai seminari settimanali che si

svolgevano al dipartimento di psicologia dell'Università del Wisconsin, sotto la direzione di Clark L. Hull, psicologo statunitense i cui interessi riguardavano l'ipnosi, l'apprendimento ed il comportamento. Durante quegli accesi dibattiti si discuteva sulla natura dell'ipnosi, dei metodi di induzione e della risposta psicologica del soggetto, sui valori e significati dei processi, sulla possibilità di trascendere le capacità normali e, soprattutto, sull'identificazione della figura primaria nello sviluppo dello stato di trance: era l'operatore o il soggetto?

Fu il disaccordo su quest'ultimo argomento a convincere Erickson a sviluppare un proprio progetto di ricerca, con il quale si discostò dalla convinzione radicata di Hull secondo cui ciò che l'operatore diceva e faceva fosse di gran lunga più importante dei processi comportamentali interiori del soggetto.

Hull tentò di stabilire una tecnica standardizzata per l'induzione dell'ipnosi che prevedesse l'uso delle medesime parole, ritmo e tono di voce, nel tentativo di provocare stati di trance tutti simili, i quali non tenessero conto delle differenze individuali, di motivazione, interesse e capacità di apprendere.

L'esperienza introspettiva e di auto guarigione vissuta personalmente convinse Erickson a dimostrare che i fenomeni di trance costituissero parte normale della vita di tutti i giorni e trasformò la vecchia concezione autoritaria dell'ipnosi in un approccio permissivo e di facilitazione.

Lo stato di trance diviene così uno stato di dinamica complessità e individualità, nel quale le capacità personali del soggetto possono essere utilizzate per facilitare il processo di guarigione, inteso nel senso più ampio del termine.

Erickson sentì il bisogno di mantenersi indipendente rispetto alle scuole di psicologia o psichiatria (si racconta che nel corridoio diretto verso il suo studio fosse appeso un fotomontaggio di Freud vestito da generale) per mantenere ampia la libertà di esplorazione, poiché traeva enorme piacere nello studiare la comunicazione, la percezione e tutto quanto la natura ci mette a disposizione affinché ne facciamo buon uso.

Per questo il suo lavoro venne apprezzato anche in ambiti diversi, dalla filosofia all'intervento sociale.

Amo Milton Erickson perché al culmine della sua fama si permise di addestrare all'impiego dell'ipnosi operatori sociali, infermieri e polizia, sostenendo lo scontro con le organizzazioni professionali e politiche che avrebbero preteso un addestramento unicamente accademico.

Fu l'indisponibilità di cure eteroindotte a costringerlo alla ricerca delle proprie capacità, che successivamente fecero di lui un terapeuta estremamente originale quanto efficace.

Osservatore infallibile, ancora oggi delude coloro che cercano regole incondizionatamente valide. Molti libri furono scritti da chi lo affiancò per descriverne il metodo, ma i più significativi, a mio modo di vedere, sono quelli che raccontano aneddoti di casi clinici: tutti diversi l'uno dall'altro, con protagonisti unici, situazioni irreplicabili, ognuno con la sua originale sofferenza.

Già, perché in risposta agli infiniti modi per affliggersi e penare ognuno deve cercare di star bene a modo suo.

Come trascorri il tempo se l'unico movimento che sei in grado di compiere è quello oculare? Volgi lo sguardo attorno, in un campo visivo limitato dalla paralisi e soprattutto ti guardi dentro, verso i ricordi, gli apprendimenti passati, cerchi la forza di una motivazione, la curiosità di esplorare sempre di più la tua conoscenza fino ad acquistarne la fiducia.

Per conoscenza intendo quel mondo interiore che organizza le informazioni, le seleziona in base alla loro utilità e potenziale efficacia rispetto alla realizzazione di un progetto intrinseco del quale a volte non siamo consapevoli.

È la versione positiva dell'inconscio, che alcune teorie considerano il custode di passioni inconfessate, emozioni inquietanti, desideri inammissibili.

In effetti, a tenere frenate le passioni, nascoste le emozioni, inespressi i desideri, è possibile che prima o poi manifestiamo qualche disagio. Rinunciare ad ascoltare il proprio istinto significa fare a meno della conoscenza, la quale è comprensione ed interpretazione dei fatti, custode di insegnamenti che in qualche modo e tempo sapremo utilizzare.

La conoscenza si nutre di passioni e interessi, si esprime attraverso personali talenti e realizza progetti:

che riguardino la condizione fisica o l'organizzazione di pensiero, gli unici dei quali sapremo essere fieri e soddisfatti.

L'ipnosi arrivò nella mia vita in un momento di monotonia, stanchezza e insoddisfazione ben sostenute dall'abitudine di pensare a ciò che non avrei voluto fare, ai contesti che avrei preferito evitare, in un generalizzato senso di vittimismo il quale giustificava ogni malumore e mi manteneva lontano dall'impaccio della scelta.

Per gioco mi iscrissi ad un corso di medianità dove scoprii che un pendolo stretto nella presa delle mie dita poteva muoversi in base ad un codice personale attraverso il quale ricevevo indicazioni. Ma da chi? Seguivo le suggestioni che mi venivano date e nella mia mente prendevano forma figure umane, successivamente tradotte come significative da qualcuno dei presenti. Non si andò molto oltre né ebbi risposta ai tanti interrogativi che incominciavo a pormi, perciò accettai l'invito a provare altrove l'ipnosi e da lì le ipotesi mi parvero subito più interessanti.

Il movimento del pendolo, ad esempio, seguiva la direzione che consapevolmente gli davo: oraria, antioraria, destra o sinistra; bastava pensarlo e, nonostante l'apparente immobilità delle mie dita, l'azione prendeva forma. Si trattava della focalizzazione ideodinamica indiretta, l'attività ideomotoria che sorprese Erickson, in base alla quale il comportamento immaginato aziona le fibre nervose che impercettibilmente spingono nella direzione voluta. Un movimento inconsapevole che può essere efficacemente utilizzato nella riabilitazione fisica oppure interpretato quale manifestazione di una volontà inconscia, come nel caso del rabdomante. Poco alla volta scoprii le sconfinate opportunità della mente umana che mi permetteva, ad esempio, di condividere immagini pensate da altri.

Una conoscenza che mi obbligò ad approfondire la faccenda. Fu come se all'improvviso tutto si presentasse attraverso collegamenti semplici quanto convincenti, in una consequenzialità che mi stava portando a conoscere un mondo in cui avrei voluto immergermi vent'anni prima, se solo me ne fosse stata concessa la possibilità: la psiche.

Sperimentai su di me e scoprii l'effetto potente che la descrizione ha nella costruzione del nostro mondo.

5. Ipnosi costruttivista

Il principio etico sul quale si sviluppa questa particolare applicazione dell'ipnosi si collega alla filosofia costruttivista, secondo la quale la conoscenza è sempre l'esito di una costruzione che nasce da dentro, frutto dell'esperienza e del pensiero, dell'attività cognitiva, la quale è quasi sempre determinata da fini personali.

Per vedere occorre conoscere e credere, per questo ogni ricerca ed esperimento saranno condizionati dal risultato che si vuole ottenere.

Il nobel per la fisica Richard Feynman dichiara: *"I fisici hanno capito che il punto essenziale non è se una teoria piaccia o non piaccia, ma se fornisca previsioni in accordo con gli esperimenti. Dal punto di vista del buon senso l'elettrodinamica quantistica descrive una Natura assurda, tuttavia è in perfetto accordo con i dati sperimentali. Mi auguro quindi che riusciate ad accettare la Natura per quello che è: assurda."*

La meccanica quantistica ha introdotto la figura dell'osservatore-partecipante che nel mondo microscopico, attraverso il solo atto di osservare, determina lo sviluppo della realtà. Sul ruolo dell'osservatore la biologia pose le basi del costruttivismo, nato dall'intenzione di conoscere la conoscenza, consapevole del limite che l'uomo ha di vedere se stesso e riconoscere la propria *non* conoscenza.

Dunque io sono l'osservatore, osservo l'osservato (me stesso) e vedo ciò che so, riconosco quel che conosco, lo interpreto e spiego. Non so di non sapere, così come non so di non vedere. Nella mia retina esiste un punto cieco che dovrebbe farmi vedere buio, eppure il mio cervello mi rende un'immagine completa, costruita in modo coerente rispetto a ciò che vede. Allo stesso modo, quando racconto la mia storia le ipotesi si alternano ai fatti, protagonisti e comparse si mescolano in una giostra che, quando torno a raccontare quella storia, non si presenta mai uguale a prima.

Per questo è necessario tenere presente che *ogni cosa detta è detta da qualcuno* (Maturana e Varela).

Ogni essere vivente è riconoscibile grazie ad una precisa organizzazione di elementi che distingue, ad esempio, l'uomo dalla scimmia, la donna dal cavallo, l'uomo dalla donna. È solo grazie ad un determinato insieme di relazioni che qualcosa di definibile esiste. Una sedia, ad esempio, nasce da una esatta combinazione di gambe, schienale, sedile e a distinguere una sedia dall'altra è il materiale di cui è composta, così come a rendere originale ogni essere umano è la qualità dei suoi componenti sia a livello corporeo che mentale.

Diventa allora necessario scoprire il proprio mondo interiore, i fondamenti di valori e convinzioni che determinano l'apprendimento e le scelte. I presupposti sono la nostra superstizione, regole personali in cui crediamo, in base alle quali pianifichiamo i nostri progetti e diamo spiegazione degli accadimenti. Possiamo chiamarli magia oppure scienza, leggi della natura o religione.

Per semplificare mi riferisco ancora una volta a Milton Erickson, il quale volle appurare se veramente le patate dovessero essere piantate a pancia in su sempre in una certa fase lunare, come suo nonno sosteneva. Piantò alcune file di patate con le gemme rivolte in tutte le direzioni e in diverse fasi lunari, ed altre seguendo il metodo del nonno, il quale non volle credere che tutte le file di patate avessero dato gli stessi risultati.

Ci si affida ai presupposti ma essi non sono immodificabili ed è facile sperimentare come ogni nuova relazione richieda un adattamento in noi, nell'altra persona e nei relativi ambienti. *Ogni azione è conoscenza e ogni conoscenza è azione*, in ogni ambito e momento della nostra vita, che siano riflessioni o atti effettivi. Attraverso l'azione aumentiamo le possibilità di scelta le quali si rifletteranno sul sistema con cui stiamo interagendo e, indirettamente, anche su sistemi più ampi con i quali non abbiamo contatti diretti. Tutto questo porterà ad una ristrutturazione oppure all'esclusione dal sistema, potremo contribuire ad evolverlo o saremo costretti ad abbandonarlo.

La conoscenza dunque può mettere in dubbio le nostre convinzioni fino a farcele considerare disfunzionali o incoerenti ma è anche la forza più potente che possa sostenere ed indicare il cambiamento.

I miei presupposti emersero poco alla volta, mano a

mano che l'organizzazione della mia esistenza entrava in contatto con altri mondi. Mi immersi nella letteratura costruttivista, incominciai a frequentare la Scuola d'Ipnosi e vivevo quel momento con curiosità affamata, mi confrontavo con nuovi incontri e la mia mente esplorava.

Avevo smesso di occuparmi dei miei pensieri, da quando avevo accettato di assecondare il progetto di altri e pensare ai miei desideri faceva troppo male: un processo sufficientemente lungo da non considerare di rimettere in discussione.

Mi occupavo del concreto, mi guardavo attorno e sembrava che potesse funzionare per me come per altri. È facile riempire le giornate, gli anni e far passare il tempo. Spesso passa anche bene tra momenti belli, soddisfazioni, attività interessanti o divertenti, ma un bisbiglio latente rimane, come un richiamo a ricordarci che potremmo vivere ad un livello più profondo ed intenso.

Vari obiettivi che si susseguono possono rendere tedioso il viaggio, se non danno soddisfazione ad una meta più ampia e la strada appena intrapresa me lo stava facendo capire.

Le mie regole personali servirono a rallentare il processo ma ad un certo punto mi accorsi che dovevo cercare un nuovo adattamento. Ingenuamente avevo creduto di poter coinvolgere nel mio entusiasmo parenti ed amici ma si stava verificando la seconda opzione sopra descritta: l'esclusione dal sistema.

Quando a crollare sono valori culturalmente condivisi,

come l'amicizia o la famiglia, l'effetto può essere destabilizzante ed una riorganizzazione avrà bisogno di diversi riferimenti che siano fortemente sentiti e personalmente importanti, affinché possano sostenere nuove e soddisfacenti abitudini comportamentali.

Troppo spesso viene confusa la cultura con la natura e la mancata accettazione della loro incompatibilità può dare origine al *senso di colpa*. Un peccato difficile da espiare, quando in fondo ci si sente un po' nel giusto!

Se l'uomo è biologicamente predeterminato, allora potrà variare la combinazione degli elementi che lo compongono ma mai gli elementi stessi: un intervento esterno potrà perturbare quel sistema ma non avrà alcuna possibilità di cambiarlo. Ne conseguono almeno due implicazioni: la prima è l'esistenza di qualcosa di sincero su cui si sviluppa la nostra esistenza e che valga la pena conoscere, le nostre radici, un porto al quale approdare durante la tempesta e da cui salpare verso nuove esperienze; la seconda riguarda la relazione con l'altro, un universo da scoprire con rispetto, abbandonata l'inutile quanto dannosa pretesa di volerlo cambiare.

È la qualità della relazione tra le componenti nostre interiori a determinare l'armonia ed il buon dialogo o, al contrario, il disagio e la sofferenza. Entra in gioco l'insieme di ruoli assegnati ed accettati, ai quali socialmente viene spesso data così tanta importanza da rischiare di identificarci con quelli e perdere di vista la complessità, ovvero la somma e l'intreccio di ciò che siamo e le azioni che compiamo, le quali nella nostra storia, fatta di inarrestabili sequenze, sono comprensibili solamente in una considerazione globale del racconto.

Se attribuiamo ruoli alle nostre relazioni, rimarremo delusi ogni volta che qualcuno si comporterà in modo differente rispetto alle previsioni. Si tratti di marito, fidanzato, amico, collega, fratello, figlio, genitore, nonno o zio dobbiamo considerare che, simultaneamente alla relazione che lega quella persona a noi, essa è legata ad infiniti ed imprevedibili altri mondi, oltre che al suo. Per questo non possiamo incolpare nessuno per avere disatteso le nostre aspettative, se non l'ingenuità di avere identificato la persona con la funzione da noi desiderata e creduto all'esistenza di un'univoca procedura.

La nostra conoscenza ci permette di fare pronostici, favorire oppure evitare certi fenomeni e sarà messa in discussione nel momento in cui si rivelerà incompatibile con la realtà dell'esperienza. I mondi personali sono in perenne trasformazione e ristrutturazione, nell'incessante scambio di materiali con altri mondi, descritti e creati in base al punto di vista adottato. La varietà di prospettive implica la possibilità di produrre diverse ed infinite versioni del mondo, la cui comprensione richiede elasticità ed apertura mentale.

Le regole e le istruzioni, in parte derivanti dal contesto educativo ma anche e soprattutto da come siamo fatti, definiscono l'ambiente e lo creano attraverso la comunicazione, strumento che lega l'individuo agli altri, definisce la realtà e, attraverso il linguaggio, la crea.

Il linguaggio rappresenta il mondo e lo fa attraverso

proposizioni, immagini, modelli che possano raffigurare stati di cose. Le parole non sono un insieme di etichette attribuibili idealmente agli oggetti o ai sentimenti a cui si riferiscono; il linguaggio umano è un intreccio eterogeneo di attività il cui significato corrisponde, nella maggior parte dei casi, al suo uso all'interno di un determinato contesto, ognuno originale e diverso dall'altro.

Con il linguaggio possiamo ordinare ed eseguire l'ordine dato, riferire un avvenimento e fare congetture, inventare una storia e leggerla, fare una battuta e raccontarla, cantare, chiedere, ringraziare, imprecare. Esiste una grande quantità di parole alle quali ognuno assegna un significato personale ed il linguaggio figurato, metaforico, che spesso ritroviamo anche nei sogni, utilizzato dall'ipnosi costruttivista, consente di comunicare in modo efficacemente vago. E' la traduzione che io faccio del messaggio ricevuto, a renderlo interessante.

Vietato pensare che, se nell'organizzazione ognuno è simile all'altro, la struttura dell'esistenza personale possa essere omologata. Al contrario, il mio gusto è diverso dal tuo, le mie capacità mi permettono di essere discretamente brava in alcuni ambiti ed un completo disastro altrove, posseggo convinzioni che mi dirigono su alcune strade lontane da altre e ci sono cose in cui proprio non riesco a credere.

Insomma, la piramide di Maslow che, pur considerando ogni individuo unico e irripetibile, prevede una rigida gerarchia dei bisogni che lo accomunano ai suoi simili, rischia di essere fonte di frustrazione.

Gli schemi di riferimento sono un'utile invenzione che garantisce ordine ma complica l'esistenza a chi non ha una stabile relazione di coppia, una gratificante attività sessuale, qualche figlio, un lavoro importante che consenta lauti guadagni e numerosi amici che garantiscano serate divertenti.

Occorre adattare il mondo, ossia la visione che lo crea, a quello che siamo, poiché possiamo mescolare le carte e costruire un nuovo gioco.

Ma come comprendere quello che siamo?

6. La nostra storia

Dal *Conosci te stesso* di Platone passando per il *Divieni ciò che sei* di Nietzsche, di esortazioni alla conoscenza e all'affermazione di sé se ne incontrano abbastanza da ipotizzare la necessità di una ricerca che possa condurre ad una consapevolezza esistenziale capace di migliorare la qualità della vita. Appare anche evidente che i percorsi siano indefinibili, altrimenti l'esperienza dell'umanità avrebbe condotto a procedure con garanzia di un buon risultato, anziché a svariate e spesso fantasiose proposte.

La mia parte da quei presupposti personali di cui ho già detto, che giudicano e guidano il racconto che facciamo della nostra storia, cioè della nostra vita, il quale rende unico ogni individuo. Un racconto che cambia e si arricchisce di nuovi elementi e collegamenti ogni volta che lo ripetiamo, poiché si nutre della nostra conoscenza la quale si accresce in ogni esperienza, sia reale o anche solo immaginata.

La conoscenza ha bisogno della memoria, ossia della capacità mentale e psichica di apprendere e localizzare il ricordo, a cui si legano i sentimenti ed i ragionamenti.

Gli studi delle neuroscienze ipotizzano che il cervello conservi la registrazione quasi perfetta di tutte le esperienze dell'esistenza e che l'intero flusso di coscienza sia conservato e possa essere evocato dalle normali necessità e circostanze della vita oppure da situazioni straordinarie, quali malattie cerebrali (ictus o attacco epilettico, ad esempio), stimolazioni meccaniche, stati alterati o espansi di coscienza conseguenti all'assunzione di sostanze stupefacenti o della trance ipnotica.

Oggi sappiamo che i ricordi non sono fissi e pietrificati ma vengono trasformati, smontati, rimontati e categorizzati ad ogni rievocazione e possono essere corretti in relazione a prospettive e contesti diversi. Alcuni ricordi rimangono intensi, completi di dettagli per tutta la vita, soprattutto quelli legati ad eventi traumatici o con un intenso significato emozionale.

Tornarci dentro attraverso la regressione ipnotica significa ridiventare protagonisti di quei momenti ed esserne contemporaneamente spettatori, interpreti di una storia che costruiamo di continuo attraverso le nostre percezioni, i sentimenti, i pensieri, le azioni e, soprattutto, attraverso i nostri discorsi e i nostri racconti.

In definitiva, per *essere* noi stessi dobbiamo *avere* noi stessi, ovvero possedere la storia del nostro vissuto.

Nel percorso verso la conoscenza di sé è utile mettersi a confronto in momenti diversi della propria esistenza per trovare i punti fermi, ciò che anche in condizioni molto diverse tra loro rimane stabile oppure è sopravvissuto a periodi tumultuosi che potrebbero aver richiesto comportamenti estremi ma funzionali al raggiungimento del risultato.

Tornare a raccontarsi episodi passati dell'esistenza, significa anche darsi la possibilità di considerare nuovi punti di vista e, nella ricerca di motivazioni e spiegazioni che possano dare una visione allargata dell'evento, poco alla volta riusciremo a liberarci del senso di ineluttabilità che spesso caratterizza il ricordo di fatti che hanno profondamente segnato la nostra vita. Non si tratta della ricerca di cause e responsabilità, quanto di prendere confidenza con un passato del quale spesso conserviamo solamente vaghe e sospettose sensazioni.

Può essere interessante ritrovare quel bambino fantasioso che siamo stati, la sua creatività nell'inventare giochi e soluzioni, l'abilità con la quale sapeva conquistare ciò che desiderava ottenere. Un periodo della vita in cui abbiamo conosciuto semplicemente guidati dalla nostra curiosità, sperimentato in modo intuitivo, costruito utilizzando ciò che avevamo a disposizione: una scopa era un cavallo, la pozzanghera il mare dove far navigare la nostra barca, i disegni avevano proporzioni e accostamenti improbabili.

È grazie a quel bambino curioso, che abbiamo scoperto e conosciuto, è riscoprendo lui che possiamo apprezzare il nostro intuito, il divertimento semplice, la soddisfazione di un metodo inventato al di fuori di regole e canoni accademici.

Tra i sinonimi del termine *curioso* si trova una sfilza di accezioni negative: invadente, pettegolo, indiscreto, eccentrico, stravagante, bizzarro. Eppure la curiosità, che si presenta con l'emozione del nuovo e della scoperta, è uno stimolo naturale poderoso.

Una curiosità spesso mortificata dall'obbligo di impegni e regole, dall'istruzione scolastica in avanti, che rischia di spegnersi a vantaggio della paura. Il timore di essere inopportuni, di fare incontri spiacevoli, di risultare sfacciatamente originali, potrebbe portarci ad ammettere solo esperienze in cui pensiamo di poter prevedere tutto, evitando ogni situazione che possa presentare delle sorprese. Ci priveremmo, in definitiva, di conoscere e crescere.

Atteggiamento non privo di effetti collaterali che in casi fortunati possono essere funzionali, in altri degenerare in vere e proprie fobie. Il tedio, ad esempio, può essere da stimolo al risveglio, ma la paura di frequentare persone o luoghi sconosciuti può trasformarsi in un grave limite esistenziale.

Il desiderio di diventare grandi in qualche modo ci suggerisce di rinnegare le abitudini di bambini e il confronto con nuove realtà potrebbe farci sentire orgogliosi e felici delle nostre origini, oppure inadeguati. Forse per questo la percezione della nostra infanzia e, in generale, del nostro passato, rischia di diventare peggiore di quanto non sia stata.

È accaduto spesso che dopo poche rievocazioni storiche vissute in trance ci si ricredesse delle proprie convinzioni, tanto da diventare possibilisti e pensare che forse quell'infanzia non fu poi così tanto brutta. La memoria ci riporta eventi ai quali non pensavamo da tanto tempo ma, più dei fatti, contano i sentimenti e quelli dei bambini sono sinceri, hanno fiducia ed esprimono affetto. Anche nelle situazioni più terribili.

L'ipnosi regala la possibilità di riappropriarsi della

familiarità del nostro racconto e con essa il desiderio di generosità nei confronti della vita. Perché, a ben pensarci, le esperienze che ci concediamo sono sempre conseguenza di una nostra decisione, determinata dagli eventi che ci accadono, ai quali possiamo adattarci con la falsa illusione di non avere responsabilità di scelta, oppure orientati dalla curiosità e dal desiderio.

Non è facile, lo so, ma gli anni passano e ci si accorge che il solo attaccamento capace di rassicurarci è quello alla propria conoscenza, alla sue origini ed ai probabili intrecci e scambi grazie ai quali essa si accresce.

Ho trascorso un lungo periodo a cogliere le differenze, rispetto a coloro con i quali mi sono trovata a condividere la nascita e la crescita. Da madre ho incominciato a cercare le somiglianze e compreso quanto sia illusorio credere di poter dare ai figli un'educazione univoca: in realtà modelliamo i nostri insegnamenti sulla relazione sviluppata individualmente con ognuno di loro. Condivido l'ipotesi che una parte della nostra conoscenza ci appartenga biologicamente e che ne assumiamo consapevolezza nel momento in cui interagiamo con persone e situazioni; questo mi porta a guardare con curiosità i pochi elementi che riesco a cogliere delle mie origini ed a notare come, negli imprevedibili intrecci della discendenza, alcune informazioni mi appaiano ovvie e scontate mentre altre mi sfuggano irrimediabilmente.

Credo che ognuno di noi conservi almeno una convinzione che siamo consapevoli derivi da un condizionamento familiare. Qual è la vostra?

Quante abitudini ataviche caratterizzano i nostri comportamenti?

Qual è la cosa attraverso la quale riusciamo a divertirci e stare bene?

Chiudi gli occhi e lascia che le tue palpebre si rilassino. Ascolta il tuo respiro e permetti alle palpebre di diventare piacevolmente pesanti, tanto da desiderare di chiuderle e sentire che una piacevole sensazione di leggerezza si diffonde come un'onda sul tuo viso.... avvolge fresca e morbida le guance, le orecchie, il collo, la nuca... sale fino a raggiungere la sommità del capo e a concentrarsi al centro della tua fronte. Ora, mantenendo abbassate le tue palpebre, puoi sollevare gli occhi come se potessero guardare verso quel punto... al centro della tua mente... e permetterti di vedere immagini e colori, sentire suoni e sensazioni. Ora rilassa i tuoi occhi e lascia che momenti passati della tua vita scorrano fluidi, come fossero filmati o cartoline, per accompagnarti indietro nel tuo tempo, lasciandoti sorprendere dai particolari... dalle situazioni. La tua mente si sofferma su un dettaglio, allarga l'immagine e fa apparire altre figure, emozioni, altri dettagli, relazioni, umori. Cerca i tuoi occhi di bambino, entra nel suo sguardo e osserva... ascolta. In che modo esplora e conosce? Qual è la cosa che ama di più fare? Che cosa lo diverte? Attraverso quale gioco fugge dai momenti di fastidio? In che cosa è particolarmente abile?

Trattieni le sensazioni piacevoli e ricche, le inattese

*scoperte, le confortanti conferme e... lentamente...
ritorna ad ascoltare il tuo respiro. Le tue palpebre sono
ora leggere e puoi sentire i tuoi occhi piacevolmente
rilassati. Quando vorrai, potrai riaprirli... coi tuoi tempi.*

Nelle molteplici sfaccettature degli eventi accaduti si
può scegliere tra l'esaltazione della sofferenza e della
tragicità o il riscatto, la reazione salvifica, l'innocente
leggerezza e, nell'ottica costruttivista che crea la realtà,
ho scelto di guidare sempre verso il risalto degli elementi
positivi. Come dice Ormond McGill, ipnotista americano,
*fai della tua vita un parco giochi, non un campo di
battaglia.*

L'indagine nel passato è quasi sempre motivata dal
bisogno di risalire alla causa di un malfunzionamento e
non ho mai conosciuto qualcuno che desiderasse
comprendere l'origine di un buon adattamento o, in
generale, del suo buon vivere. Eppure è proprio qui che si
trovano le modalità da prendere ad esempio, le strategie
vincenti, i meriti del successo.

La memoria rappresenta l'ultimo atto nel processo
dell'apprendimento: distinguo, conosco, me ne ricordo. Il
suo funzionamento, profondamente legato allo stato
biologico e di salute, influisce moltissimo sulla
narrazione della storia personale e quindi sull'idea di sé
che ne deriva.

Se non fossimo in grado di memorizzare le esperienze,
le nostre relazioni ne risulterebbero gravemente
compromesse e l'incapacità di memorizzare ci priverebbe

anche della possibilità di costruire opinioni personali o di svolgere un lavoro che non avremmo l'abilità di apprendere. Senza memoria non sapremmo occuparci del materiale ma avremmo comunque integra la capacità di vivere in sintonia con lo spirito umano e di esprimerci attraverso l'estetica, la morale o la religione.

Se accettiamo per vero che di ogni evento rimanga una traccia mnemonica, allora dobbiamo domandarci che tipo di effetto possa avere l'esperienza di un trauma intenso e spaventoso che ipotizziamo denso di concretezza sensomotoria. L'ipnosi è stata utilizzata già in passato per riabilitare i reduci di prigionie o guerre e le prime ipotesi che spiegarono il suo successo si sostenevano sul fatto che fosse la rievocazione del ricordo traumatico con la conseguente catarsi emozionale, a migliorare la condizione della persona. Successivamente si scoprì che non fosse necessario rivivere l'emozione terribile del trauma per ottenere benefici, i quali si manifestavano genericamente come conseguenza di una forte emozione.

La donna che attraverso l'ipnosi desiderava rivivere l'incidente che aveva cancellato ogni ricordo pregresso, nel percorso regressivo evitò del tutto quegli istanti, andando direttamente ai numerosi piacevoli eventi antecedenti che le restituirono parte della sua storia.

Non tutti riescono a prendere il necessario distacco per rievocare i fatti traumatici ed eventualmente analizzarli. In questi casi i ricordi rimangono come sequestrati rispetto a tutto il resto, tanto da suggerire l'ipotesi che essi siano conservati in una memoria isolata e non integrata, come fossero archivi diversi. L'idea che coloro che non ricordano soffrano in seguito non è sostenuta dai fatti. Nonostante alcune teorie ritengano necessario fare emergere il trauma affinché ne venga presa coscienza per essere integrato nella memoria autobiografica, capita che i tentativi a questo scopo non abbiano successo e la persona non sviluppi alcuna patologia. Esistono individui sopravvissuti a situazioni traumatiche, in grado di vivere una vita senza tormenti.

La selezione dei ricordi che spontaneamente riaffiorano rappresenta un mistero anche per chi a questa materia ha dedicato studi approfonditi. Mi riferisco in particolare a quegli scienziati come Oliver Sacks, neurologo di fama internazionale, che hanno avuto l'interesse di raccontare la storia dei loro pazienti non solo con l'attenzione del medico ma anche con la scrupolosità di chi desidera ricavare dalla persona una storia che ne faccia emergere l'originalità, l'imprevedibilità ed anche l'inspiegabilità. Una *scienza romantica*, come fu definita da Lurija, determinata dall'idea che anche le funzioni più elementari del cervello e della mente non siano di natura esclusivamente biologica, ma vengano condizionate dalle esperienze, dalle interazioni, dalla cultura dell'individuo e si sviluppino sotto la pressione dell'ambiente, caratterizzato dal contesto storico.

Le aree cerebrali riattivate durante la trance ipnotica propongono ricordi spesso inaspettati che costituiscono suggerimenti e potranno rivelarsi utili al momento contingente, purché chi guida conservi il rispetto per ciò che emerge e la sua originalità.

E voglio che tu scelga un momento del passato in cui eri una bambina piccola piccola. E la mia voce ti accompagnerà. E la mia voce si muterà in quelle dei tuoi genitori, dei tuoi vicini, dei tuoi amici, dei tuoi compagni di scuola, di giochi, dei tuoi maestri. E voglio che ti trovi seduta in classe, bambina piccolina che si sente felice di qualcosa, qualcosa avvenuto tanto tempo fa, qualcosa tanto tempo fa dimenticato. (La mia voce ti accompagnerà, Milton Ericskon)

7. Inconscio

Esiste una zona della nostra conoscenza sulla quale ci possiamo affacciare e vederne la struttura ma la sua organizzazione rimarrà probabilmente per sempre un mistero.

L'istinto, ad esempio, è una delle sue manifestazioni ma, mentre siamo ben disposti a compiere atti inconsulti per salvaguardare l'incolumità fisica, riteniamo spesso opportuno frenare l'impulso quando esprime il pensiero.

Per quanto ipotizziamo di poter pianificare gli eventi e prevederne le conseguenze, ci troveremo spesso a fare i conti con l'imprevedibilità delle circostanze; la logica ci potrà aiutare ma dovrà essere abbastanza sfumata da contemplare improvvise azioni adattive.

Abbiamo bisogno di qualcosa che non solo organizzi le informazioni ma sappia anche prevedere le nostre intenzioni e, se sono state costruite macchine efficienti in base a questo principio profondamente umano, perché non prendere coscienza del nostro funzionamento approssimativo che utilizza il paradosso? Sappiamo che la terra è tonda, ma se vogliamo realizzare un campo da tennis dobbiamo pensare che contemporaneamente essa sia anche piatta.

Io so di essere intrinsecamente madre ma ho esigenze di figlia, perpetuo infantili dinamiche da sorella e sono svagata ed affidabile con le amiche, professionale nel lavoro, sono anche donna e mi concedo, a volte, di perdermi.

Perché mortificare le nostre relazioni interpersonali, nella pretesa di identificarle in stereotipate categorie?

In questo momento immagino l'inconscio come l'autofocus di una macchina fotografica progettata con la tecnologia fuzzy, quella che utilizza dati ambigui tra il completamente falso ed il completamente vero, come *abbastanza*, *quasi* o *un poco*, riuscendo a realizzare operazioni estremamente sofisticate attraverso processi molto semplici: centra la scena, in base all'inquadratura stabilisce quale sia l'elemento importante da porre in primo piano, sceglie la giusta esposizione di luce per rendere al meglio la qualità dell'immagine ed è pronta per lo scatto.

Allo stesso modo l'inconscio elabora una grande quantità di informazioni apprese in tempi, luoghi e contesti diversi, conosce lo scopo ma per tradurre la volontà in azione deve servirsi della ragione, che sa occuparsi del pratico.

La qualità della loro intesa determina l'armonia o l'incomprensione ed occorre tenere presente che il linguaggio razionale dialoga in maniera disinvolta con interlocutori i quali abbiano sembianze concrete, da cui arrivino indicazioni certe. All'inconscio è affidato il compito di elaborare velocemente varie opzioni possibili, quasi sempre vaghe e contraddittorie, individuare la scelta più adatta allo scopo e comunicare il messaggio alla ragione, la quale potrà pregiarsi del merito di essere stata l'artefice del gesto.

Occorre quindi rendere concreto l'inconscio utilizzando il linguaggio dell'immaginazione che possa creare l'ambiente e dare corpo alla conoscenza.

Chiudi gli occhi e lasciati cullare dal ritmo del tuo respiro, che ti accompagnerà dolcemente a scendere e ad ascoltare quella parte intima e profonda alla quale potrai avvicinarti e che potrai conoscere.

Puoi immaginare di avere davanti a te una scala ampia e luminosa. Scendendo quella scala potrai permetterti di scendere più profondamente dentro di te. Puoi contare, mentre scendi i gradini, fino ad arrivare a quel numero che in questo momento possa indicarti uno stato sufficientemente profondo di rilassamento e ascolto.

Sceso l'ultimo gradino ti troverai su di un bellissimo prato verde... senti i tuoi piedi che poggiano su quel terreno morbido. Sopra di te un cielo azzurro e il sole appena caldo che illumina quel prato... l'aria piacevolmente fresca, osservi i fili d'erba e ti stupisci di quante tonalità di verde si possano trovare in un prato... quel prato ampio e spazioso dal quale si aprono diversi sentieri... percorsi... ognuno con una direzione diversa... ognuno verso esperienze nuove.

Scegline uno e sarà quello che ti condurrà verso quel luogo della terra che riconoscerai come il tuo luogo, dove ti sentirai perfettamente a tuo agio e dove potrai scendere ancora più profondamente dentro di te.

Imbocca quel sentiero... cammina e senti l'aria sulla tua pelle... respira il profumo di quell'aria... lasciati avvolgere dai suoni che arrivano assieme a quella leggera brezza.

E ti accorgi che qualcuno ti sta accompagnando... si muove con il tuo stesso ritmo, si lascia guidare... ti guida.

Incominci a percepirne le sembianze. Potrebbero essere quelle di un bambino... o di una ragazza... di uomo o donna che ti assomiglia... che rappresenta la parte più saggia e intima di te... che sa cosa è giusto e piacevole per te.

Incominci a vedere in lontananza che il sentiero ti conduce verso una luce più luminosa... uno spazio ampio.

Potrebbe essere terra... o roccia... sabbia... prato... legno... acqua... aria.

Lascia che quel luogo si componga e prenda forma... che diventi il tuo giardino... il luogo dove sei libero di aggiungere e togliere ciò che vuoi. Un luogo che custodisce le tue risorse... da esplorare alla ricerca delle tue abilità che imparerai a meglio utilizzare... di quei desideri che ti faranno comprendere cosa vuoi veramente.

Nel tuo giardino potrai trovare sempre quella persona che lì ti ha accompagnato... che sa cosa farti trovare... per dare risposta alle tue domande.

La costruzione del mio giardino ebbe inizio in maniera abbastanza stereotipata e la mia creatività ebbe bisogno di tempo ed allenamento per rendere in immagini lo spazio interiore. Accolsi quindi il ricordo che arrivò del giardino più bello che mi capitava di frequentare da bambina, vicino casa. Il percorso immaginario mi portava in quel roseto dove sorprendentemente di volta in volta apparivano oggetti, vie, paesaggi accompagnati sempre da una piacevole sensazione di benessere.

Anche la figura rappresentativa della guida si sviluppò poco alla volta. Per un breve periodo adottai l'immagine di una bambina e fu funzionale al risveglio della fantasia, da lungo tempo inutilizzata. Prendendo confidenza con la pratica, nuove associazioni si proposero fino ad arrivare ad uno spazio mentale dove tuttora incontro i miei pensieri più intimi.

Il mio giardino ora è un campo di grano in estate dove, in mezzo alle alte e gialle spighe, incontro Rebecca, la giovane donna vestita da guerriera che mi indica la direzione. In quel luogo esprimo i miei pensieri dubbiosi, verifico i desideri, accolgo le strategie, sento la forza della mia determinazione e individuo le risorse appropriate. Da lì posso partire e vivere molte altre esperienze: sarà il punto di riferimento al quale fare ritorno, un serbatoio che seleziona e raccoglie informazioni che saprò utilizzare al momento opportuno.

L'inconscio nell'ipnosi costruttivista è espressione di sapienza, è l'intelligenza che sa comprendere e spiegare, lo stimolo all'azione, il sostegno al dolore. Se avremo fiducia nelle sue scelte, le nostre azioni si svolgeranno in modo armonico attraverso un dialogo perfetto. Quando decideremo di ignorare l'istinto per privilegiare un sistema esterno a noi, l'inconscio procederà comunque con determinazione alla realizzazione del suo progetto e cercherà l'ascolto attraverso ogni comunicazione possibile, in un contesto sgraziato e dissonante, capace di provocare disagi di svariata espressione.

8. Trance

Come si raggiunge uno stato di trance e a cosa può servire? La trance è lo stato in cui l'attenzione è dedicata ad una o poche cose a favore delle quali le percezioni sensoriali utilizzano la loro virtualità.

La trance agonistica, ad esempio, consente all'atleta di concentrarsi al meglio sull'obiettivo da raggiungere, riconoscere la propria abilità, percepire e dosare l'energia, comporre e cavalcare il proprio ritmo per puntare all'esecuzione perfetta della prestazione. Anche qui vale la regola della buona comunicazione: se elimino ciò che non mi serve e mi distrae, avrò più possibilità di raggiungere la meta e, allenandomi allo sviluppo delle attitudini mentali, sarà più probabile arrivarci con successo.

Gli stessi principi possono essere applicati a qualsiasi tipo di prestazione, che sia di studio, ludica o professionale. L'abitudine alla trance infatti produce un'alterazione dell'irrorazione sanguigna in alcune aree cerebrali implicate nell'attenzione, nell'emozione e in alcune funzioni vegetative. L'immaginazione diventa più chiara, dettagliata e concreta, lo stato di concentrazione più profondo.

Alla trance ci si allena e le esperienze, che possono essere già all'inizio molto soddisfacenti, migliorano con la pratica. È sufficiente concedersielo e, poiché gli ambiti di utilizzo sono veramente illimitati, la sua conoscenza andrebbe sostenuta, soprattutto quando a beneficiarne sia il benessere personale.

La trance della quale qui si parla è uno stato di ricerca consapevole, tanto più efficace quanto bene guidato. Si può essere buoni conduttori di se stessi ma se accompagnati da qualcuno l'esplorazione ha la possibilità di essere più ampia, in un'alternanza di suggerimenti e stimoli che arricchiscano uno spazio mentale condiviso.

Si racconta di un orso polare rinchiuso in una gabbia provvisoria all'interno di uno zoo, attorno alla quale venne costruito un ambiente pseudo naturale dal confine più ampio. Quando la gabbia fu smontata, l'orso continuò a muoversi entro lo stretto spazio concesso dai limiti precedenti. Anche l'essere umano a volte ignora la propria libertà creativa che gli consentirebbe di avere nuove prospettive.

La trance è un'esperienza mentale, ossia un'elaborazione di ciò che attraverso i sensi possiamo percepire, ed è necessario quindi tenere presente che ognuno percepisce ed elabora in modo del tutto personalizzato.

Prendo in prestito la definizione che della mente diede Gregory Bateson, antropologo i cui studi spaziarono dalla cibernetica alla sociologia, il quale riservò uno spazio privilegiato al tema della relazione che collega ogni cosa: l'osservatore all'osservato, l'uomo all'ambiente, le parole alla frase, gli elementi anatomici al corpo, ecc..

Bateson definì la mente un *aggregato di parti in interazione con struttura a retroazione*. La retroazione (l'inglese feedback) è la capacità di un sistema dinamico di tenere conto dei risultati del sistema per modificare le caratteristiche del sistema stesso. In altre parole, ad ogni azione corrisponde una reazione che influenzerà l'azione successiva.

Sempre secondo Bateson, limitare la mente entro i confini del cranio è un'assurdità, poiché ovunque vi sia retroazione saranno evidenti le caratteristiche mentali. La mente di un cieco che attraversa la strada include necessariamente il bastone, in quanto parte attiva del processo di retroazione che guida l'uomo; così lo strumento per il musicista e l'arnese dell'artigiano. La mente è un *sistema* che emerge dalle relazioni tra singoli organismi, perciò la pietra scolpisce lo scultore così come lo scultore scolpisce la pietra; l'ipnotizzato crea l'ipnotista che crea per l'ipnotizzato.

Il primo passo verso la trance è la limitazione del campo di consapevolezza, che si ottiene attraverso la *focalizzazione*. Se mi concentro sul respiro, ad esempio, non dovrò preoccuparmi di cosa fanno le mie mani, dove poggiano i piedi, quali abiti e accessori indosso. Se fisso lo sguardo in un punto, quello diventerà il centro della mia attenzione e tutto il contorno inesorabilmente diventerà sfocato fino a rendere inutile l'impiego della vista e allettante l'abbassamento delle palpebre. Escludendo la vista, che tra i sensi è quello che impegna maggiormente l'attenzione, potrà aumentare la sensibilità cutanea, l'ascolto della voce che accompagna e guida, sarà favorita l'elaborazione immaginativa interna che potrà essere opportunamente utilizzata.

Siediti in una posizione comoda, entrambi i piedi a contatto con il pavimento, le mani appoggiate sulle gambe.

Porta l'attenzione al tuo respiro e segui il ritmo dell'aria che entra e che esce... che entra e che esce.

Ora scegli un punto sopra di te, un punto qualsiasi sul soffitto che diventi il punto della tua attenzione, il punto della tua concentrazione.

Guardi il punto, ascolti la mia voce e il tuo respiro si fa più calmo e regolare.

Tutto, intorno a quel punto, appare poco alla volta sfocato, le palpebre si fanno pesanti... sempre più pesanti... tanto che ti viene voglia di chiuderle.

Puoi chiudere gli occhi e continuare a vedere quel punto, riportare il tuo capo in una posizione comoda e lasciarti cullare dal ritmo del tuo respiro.

L'aria entra portando con sé una piacevole sensazione di rilassamento... e, ogni volta che espiri, puoi lasciare andare tutto ciò che in questo momento non ti serve.

Inspiri e senti l'aria che passa dalla tue narici, sale sulla fronte e diffonde un piacevole benessere... avvolge il tuo viso, scende nella gola, nel petto, arriva alla pancia e... quando espiri... lascia andare tutto ciò che in questo momento non ti serve.

Mentre ascolti la mia voce e segui il ritmo del tuo respiro, puoi permetterti di scendere piacevolmente dentro di te.

Porta l'attenzione alla tua mano destra e senti l'aria che accarezza la tua pelle.

Ora porta l'attenzione alla tua mano sinistra, senti l'aria e potresti stupirti di come le tue mani possano percepire temperature diverse. Una mano potrebbe sembrarti più fresca dell'altra... forse anche più leggera... una mano è più leggera e l'atra più pesante.

Scegli quale sensazione in questo momento può portarti ad essere ancora più rilassato e seguila.

E mentre tutto il tuo corpo diventa pesante (o leggero) *tu scendi sempre più profondamente dentro di te.*

Porta l'attenzione ai tuoi occhi e lascia che ti si possano presentare immagini, colori, suoni, sensazioni.

Da qui il percorso prosegue verso la direzione scelta e si sviluppa attraverso la *dissociazione* tra la parte che rimane in ascolto di un'eventuale guida esterna, consapevole di essere in un determinato luogo e momento, e un'altra parte di sé che si sposta nel tempo e nello spazio.

Ora puoi immaginare di essere nel soggiorno di casa tua. Ti guardi attorno e ne vedi i dettagli... gli arredi, le pareti, la finestra. Fai suonare la tua canzone preferita, prepari la bevanda che ti piace e ti metti comodo.

Senti l'aria di quella stanza, il suo odore, la temperatura.

Ascolti i tuoi pensieri, i tuoi umori, le tue intenzioni. Pensi a quel progetto che vorresti realizzare.

*Ne vedi i dettagli e ti domandi che cosa esattamente
desideri... come vorresti farlo... quando... perché...
Quali sono le qualità che possiedi e che potranno
esserti utili? Come potresti utilizzarle?
Quali saranno gli effetti?
Prevedi un termine?
....*

*È passato qualche tempo e ti ritrovi in quella stanza.
Ti guardi attorno, vedi arredi e ascolti suoni.
Qualcosa è cambiato. Che ne è stato di quel progetto? Lo
hai portato a termine? Quali sono state le tue scelte?
Cosa ha funzionato?
Come ti senti ora?*

Proiettarsi in un futuro ipotetico offre la possibilità di
verificare le proprie decisioni, la determinazione
all'azione; immaginarsi sensorialmente a risultato
raggiunto può farci giudicare il valore di quel progetto e
l'efficacia della strategia utilizzata.

È l'inizio di un viaggio all'interno di sé che può
svilupparsi in infiniti approfondimenti. Sullo sfondo la
realtà fisica, rappresentata dallo spazio nel quale mi
trovo, ed un personale osservatore interno pronto ad
intervenire in caso di disagio attraverso la critica.

Intendo, per critica, la facoltà intellettuale di esaminare
e valutare, distinguere il vero dal falso, esprimere giudizi
su idee o fatti proposti.

Farsi guidare in trance da qualcuno implica questa attività, necessaria affinché l'esperienza vissuta possa essere positivamente significativa.

Colui che guida dovrà rispettare il mondo dell'altro in modalità incondizionata e, dovendo muoversi in un terreno sconosciuto, esprimersi in maniera abilmente vaga che sappia stimolare l'immaginazione individuale ed assecondare le reazioni provocate.

Le parole hanno significati profondamente diversi per ognuno, il bello o il brutto sono considerazioni legate ad esperienze personali le quali costruiscono la propria realtà.

Nella condizione di trance il cervello elabora dati ad una velocità sensibilmente superiore rispetto all'ordinario stato di veglia, la capacità di comprensione si amplifica e si arricchisce.

L'aumento della *sensibilizzazione sensoriale* consente alla parte inconscia di agire attraverso un linguaggio personalizzato, ricco di collegamenti emozionali e con messaggi assolutamente individuali, difficilmente esprimibili a parole ma molto efficaci nel loro significato.

Entra in scena la *metafora,* che agisce libera dai vincoli imposti dalla precisione della parola e si esprime in modo ampio e possibilista.

Attraverso la metafora l'ipnotista può suggerire un modo alternativo di considerare la situazione e favorire la percezione di risorse personali, attraverso il racconto di una storia apparentemente estranea alla quale l'altro si rapporterà per similitudine, personalizzandola.

Un punto di vista esterno spesso individua soluzioni che il diretto interessato non riesce a considerare e che probabilmente rifiuterebbe se gli fossero proposte in maniera esplicita: la metafora consente di comunicare una situazione possibile.

All'epoca la trance mi aiutava a stare al mio posto e contemporaneamente ad indagare alternative. Ho sempre trovato confortevole stare in compagnia di me stessa e la cosa si faceva via via più interessante, tra inaspettate intuizioni ed esplorazioni appaganti.

Non feci scoperte sconvolgenti sul mio conto. Certo, la guerriera faceva sentire la sua determinazione e servì a farmi perseverare nonostante i contrasti esterni, ma non mi ha mai spinto in situazioni dove non sarei stata in grado di cavarmela. Lo dico in risposta a coloro che temono di possedere un inconscio diabolico dal quale s'impegnano a tenere le distanze per evitare azioni sconvenienti. Rimango convinta che quelle persone sappiano già ma preferiscano pensare di non sapere.

Il mio sistema si stava sfaldando, io incominciavo a realizzare quali fossero i miei principi imprescindibili e a comprendere che le relazioni hanno quasi sempre una scadenza, di qualunque natura esse siano.

9. *Altre vite*

Tra le varie modalità possibili di vivere l'ipnosi, quella denominata regressiva è probabilmente la più discussa. Dell'argomento si sono occupati romanzieri, sensitivi, terapeuti, offrendo visioni ed applicazioni diverse, suscitando curiosità ma anche alte aspettative.

La rivivificazione di un'ipotetica vita precedente fu una delle mie prime esperienze d'ipnosi vissuta e mi scosse talmente tanto che la settimana dopo mi trovavo su di un aereo diretto ad Edimburgo, poiché lì avevo vissuto quella mia storia.

I miei occhi erano rimasti così pieni di verdi e sconfinati prati del 1300, che l'impatto con il 2003 mi lasciò sconcertata: cosa ci facevano tutte quelle case e palazzi? Non ero andata a cercare prove, ma l'atmosfera in cui ero stata catapultata per effetto della trance mi era molto piaciuta e forse speravo di ritrovarne la familiarità. Alla fine, la capitale scozzese risultò interessante da visitare ma nulla ebbe a che vedere con quella che era stata nell'esperienza ipnotica.

Smisi presto di verificare l'attendibilità dei riferimenti storici, poiché l'importanza di significato di quella narrazione non stava nella sua collocazione spazio-temporale, quanto nel mondo personale di quella donna, nei suoi pensieri, negli affetti, nell'interazione sociale. Ricordo che anche nei giorni immediatamente successivi sentivo una parte di lei pulsare in me e nei gesti, nello sguardo avvertivo la fierezza di avere realizzato cose importanti.

Mi riferisco alle circostanze banali della vita, agli eventi per nulla scontati, ai collegamenti complessi che solo a posteriori è possibile vedere con semplicità e che meritano il riconoscimento dell'impegno che la vita richiede. Un'esistenza *normale*, fatta di dettagli, legami, piaceri, dolori e di una indiscutibile conoscenza di sé.

Se è lecito domandarsi da dove arrivino certe intuizioni o perché emergano determinati ricordi anziché altri all'interno di un generico stato di trance, gli interrogativi con i quali si cerca di dare un senso all'esperienza di un'ipotetica altra vita spaziano senza confini tra teorie e religioni. Se anche ne avessi individuata una, in grado di soddisfare il bisogno di verità, rimarrebbe pur sempre da risolvere il quesito che riguarda la procedura tramite la quale le nostre emozioni organizzano storie.

Affinché l'ipnosi *regressiva* possa esprimere il massimo delle sue possibilità, è necessaria una conduzione esterna. Suggestioni agli spostamenti in epoche storicamente passate o generiche indicazioni che non siano specificatamente rivolte a chi desideri vivere l'esperienza, potrebbero fare emergere situazioni potenzialmente interessanti ma prive di quell'esplorazione che consentirebbe di comprendere chi sia quella persona, perché si trovi in quel luogo, quali siano le sue reti relazionali, i progetti, i talenti, i valori, gli stati d'animo.

La guida agevola lo sviluppo della narrazione, si lascia coinvolgere ed immergere in ciò che ascolta e guarda per essere essa stessa esploratrice, suggeritrice di domande che allarghino la prospettiva, si insinuino tra le pieghe dei sentimenti, facciano comprendere quali siano state le realizzazioni più importanti ed in nome di quali valori quella vita sia stata vissuta.

In questo modo sarà possibile ricavarne un ricordo indelebile poiché interconnesso ad immagini e sensazioni che da quel momento apparterranno alla conoscenza consapevole di quell'individuo.

Una storia allucinata, in cui le sensazioni appaiono piene ed autentiche come in presenza di un oggetto reale, pur in assenza dell'oggetto stesso.

Quando il cervello è libero dai vincoli della realtà, può generare qualsiasi suono, immagine o odore presente nel suo repertorio, a volte in combinazioni complesse e apparentemente improbabili. Un odore allucinato, ad esempio, potrebbe essere impossibile da descrivere poiché diverso da qualsiasi cosa già sperimentata nel mondo reale e slegata da ricordi o associazioni.

Ognuno percepisce in base alle proprie combinazioni neuronali e tra le molte migliaia di odori possibili ciascun individuo può rilevarne solo alcuni (alcune migliaia) che sono il risultato dell'unione tra i recettori nasali e le rappresentazioni cerebrali. Questo ci aiuta ad ipotizzare spiegazioni su quanto emerge dall'esperienza d'ipnosi regressiva: la rappresentazione di una storia la quale, indipendentemente dall'origine e dal suo significato, utilizza elementi insiti nella nostra conoscenza, di cui possiamo essere consapevoli oppure no, e che potrebbero esprimere il prodotto di nuove combinazioni cerebrali.

Il forte coinvolgimento emotivo e la collocazione in epoche passate, richiamano ciò che succede nei fenomeni di epilessia del lobo temporale. Chi ne soffre può sentirsi portare indietro ad un'epoca ed un luogo del passato, trasportato da una completa implicazione sensoriale. Le allucinazioni del lobo temporale sono piene di sentimenti e di cose familiari, ubicate nello spazio e nel tempo, coerenti e avvincenti.

Rassicurati sul fatto che la trance non abbia potere di provocare fenomeni epilettici, si potrebbe ipotizzare che il suggerimento di andare indietro nel tempo, al quale si ricorre per evocare un'altra vita, possa inconsapevolmente stimolare quella particolare area del cervello.

Un tentativo di spiegazione che rischia di ridurre a sterile espressione meccanica quella che nei fatti rappresenta una delle pratiche più affascinanti della trance ipnotica.

Gli stimoli a vivere un'esperienza di questo tipo sono davvero svariati e prevale su tutti il desiderio di ottenere spiegazioni: l'origine di un dolore fisico che non trova causa, l'innata propensione a specifiche argomentazioni, passioni inconsuete rispetto all'ambiente familiare, comportamenti disfunzionali recidivi ma anche la scoperta di chi siamo attraverso ciò che siamo stati.

Dalle esperienze che ho avuto il privilegio di guidare

posso dire che le connessioni con lo stato fisico non sono mai parse particolarmente significative (ma miglioramenti successivi, sì) mentre ho potuto notare che forti passioni per determinati periodi o personaggi storici hanno spesso rappresentato l'ambientazione di altre esistenze: difficile però stabilire quale delle due influenzi l'altra. Ciò che sorprende ed affascina è la ricchezza dei particolari, non solo nei nomi, luoghi e date ma nella logica con la quale la narrazione si sviluppa. Una propensione che la persona trattiene ed utilizza collegandosi al presente.

Vale la pena ripetere che a livello conoscitivo un'esperienza immaginata oppure realmente vissuta lasciano la stessa traccia di conoscenza, soprattutto quando a collegare gli eventi siano percezioni sensoriali simultanee: odori intensi, vividezza di ambienti, amore, disprezzo, sofferenza, felicità, quest'ultima intesa come realizzazione utile dei propri talenti.

È opportuno intendersi anche sul significato che qui si dà all'immaginazione. Nulla a che vedere con la fantasia che si nutre di stimoli esterni ed estranei, l'immaginazione è manifestazione di una realtà interiore che utilizza elementi di conoscenza propria e comunica una realizzazione possibile.

Il desiderio di lasciarsi stupire e scoprire qualcosa di nuovo, ricevere conferme ed esaltazione delle volontà personali, svelare complicità, sentirsi parte di un mondo più ampio di quello che appare, sono alcune delle motivazioni con le quali suggerirei di vivere un'esperienza di ipnosi regressiva.

Un'opportunità per fare emergere conoscenze e divenirne consapevoli, rievocare frammenti di vita già vissuta attraverso il semplice affidarsi ad una guida interiore, l'inconscio, che a seconda dei presupposti personali sceglierà come e a quali memorie attingere.

Il processo consente anche di rivivere la propria nascita, passaggio particolarmente significativo nel percorso di ritorno verso la contemporaneità, in quanto arricchito delle nuove consapevolezze conseguenti all'esperienza di altre vite, le quali possono accompagnare ad un vero nuovo inizio, ad una sorta di riappacificazione con momenti a volte appesantiti dalla superstizione.

Vivere consapevolmente la propria nascita regala l'emozione del primo respiro, il conforto dell'abbraccio di un genitore, l'affermazione della nostra presenza nel mondo.

L'abilità che la mente possiede di esplorare lo spazio ed il tempo consente esperienze proiettate in un contesto futuro, interpretabili quali previsioni personali di evoluzione della propria esistenza.

E possiamo anche spingerci più avanti, ritrovarci oltre questa vita alla ricerca di nuove prospettive e ragioni, di conferme o sorprendenti rivelazioni.

10. Il corpo

Il corpo umano è la migliore immagine dell'anima umana, sostiene Wittgenstein, e credo conosciamo tutti l'effetto che la condizione emotiva abbia sull'aspetto fisico, così come influiscano sulla psiche il dolore e la malattia.

Un buon rapporto con il proprio corpo contempla l'ascolto e la comprensione del suo funzionamento, che ne consenta il miglioramento delle prestazioni in condizione di salute e reazioni appropriate nelle circostanze avverse. È solo grazie ad un'accettabile organizzazione organica che possiamo avere coscienza di noi stessi ed in virtù di quella stessa coscienza siamo in grado di sentire, in una relazione che decide la qualità della vita.

La percezione del proprio corpo avviene in modo automatico e inconscio ma se ci trovassimo nel bisogno di recuperarne il buon funzionamento saremmo costretti alla ricerca del flusso sensorio che ci faccia sentire quel corpo come nostro.

L'ipnosi può attivare meccanismi di autoguarigione attraverso la comprensione della propria condizione, del risultato che si intenda raggiungere, della capacità di creare percorsi strategici personali. La conoscenza anatomica può aiutare a rendere più dettagliate e specifiche le indicazioni della trance ma più di tutto agisce la metafora.

Ognuno ha una propria sensibilità al dolore e sarà funzionale esprimerla affinché la sua conformazione possa essere modificata e resa più accettabile o, nei casi più fortunati, eliminata. Un'infiammazione, ad esempio, potrebbe essere immaginata con la forma di una palla da tennis, di colore rosso, consistenza gommosa e temperatura alta. Sarà sempre in base al mondo espressivo personale che si suggeriranno modifiche alle caratteristiche descritte, assecondando bisogni, desideri, strumenti e tempi. Le dimensioni di quella palla potranno allora ridursi, il colore trasformarsi in tonalità neutre e fresche, la consistenza diventare più morbida.

Si sperimenta in combinazioni di elementi ogni volta originali, come fece Erickson su di sé per tornare a camminare ed alleviare il dolore, con l'intenzione di aiutare a trovare situazioni di conforto in circostanze a volte drammatiche. Le funzionalità cerebrali offrono inaspettate possibilità che vale la pena mettere alla prova: se non ci si fosse interessati alla sindrome dell'arto fantasma, utile a conservare l'idea di uno schema corporeo completo, la progettazione delle protesi artificiali non avrebbe raggiunto gli attuali alti livelli.

Senza porsi limiti e con le necessarie cautele ad evitare inutili illusioni, lo sviluppo del dialogo tra la mente ed il corpo può aiutare ad affrontare momenti e contesti critici, sia in presenza di cause certe che quando il disturbo non abbia origini patologiche.

Le sofferenze psicosomatiche agiscono un linguaggio corporeo primitivo che si presenta sotto forma di simboli, interpretabili in una comunicazione implicita nella struttura e nel funzionamento del sistema nervoso.

Quando portiamo l'attenzione ad un disagio emotivo del quale siamo consapevoli, l'effetto corporeo si avverte spesso a livello di pancia, quale reazione istintiva ad una situazione di pericolo, ma nel lungo termine gli effetti sul soma sono molto più difficili da interpretare. Poco avvezzi ad ascoltarci, a volte non ci rendiamo conto della difficoltà, non colleghiamo la causa con l'effetto e ancor meno l'effetto alla causa, confusi in una sorta di compiacenza somatica che si sostituisce alle parole.

Quando all'età di nove anni mio figlio rischiò la vita in seguito a complicanze chirurgiche, le unghie delle mie mani si spezzarono come colpite da un colpo d'ascia. Eppure credevo di avere tutto sotto controllo.

Le espressioni somatiche manifestano un disagio interiore, la richiesta di prendersi cura di sé lungi dal colpevolizzare per l'insorgere della malattia, come alcune teorie vorrebbero, sempre e comunque nel rispetto della storia individuale.

11. Al femminile

Tra battute umoristiche e seriosi dibattiti, l'impegno richiesto alla donna per sostenere cicliche o straordinarie variazioni fisiologiche merita di ricevere possibilità di aiuto o quantomeno comprensione.

Conoscere le proprie strategie e sapere interpretare gli impulsi sono opportunità di dialogo, spontaneamente attivato quando l'istinto è talmente forte da saper rinunciare all'apparenza della razionalità.

Mi rendo conto che così descritta la situazione possa sembrare pericolosa e nei fatti lo è. Litigi, scenate, dichiarazioni inopportune, richieste esigenti esprimono bisogni reali, magari latenti nei momenti di tranquillità ma comunque presenti. Per questo ritengo che le affermazioni pronunciate sull'onda dell'emotività siano sempre da ascoltare: aspettare che la tempesta passi servirà solo a rimandare il problema.

L'unica condizione che a volte riceve un po' di solidarietà è rappresentata dalla gravidanza, alla quale si aggiunge una difficoltà in più: la modificazione fisica.

Sapere ascoltare il proprio corpo diventa, in questo momento più che mai, importante e utile per comprendere i segnali che da esso arrivano e per accettare ed assecondare gli stimoli dolorosi ma funzionali.

Percepire ed accogliere la creatura che si forma e cresce nel proprio ventre, segna l'inizio di un dialogo che sarà motivazione alla fatica del travaglio e comprensione di quelli che saranno i bisogni del neonato.

Punto di partenza è la presa di coscienza delle proprie strategie e risorse, adatte a questo particolare momento, accompagnate da una collaborazione il più possibile proficua con la parte inconscia.

La gravidanza ed il parto sono condizioni che avvicinano moltissimo la donna alla naturalità e, per quanto l'evento sia stato medicalizzato, continua ad essere la natura a decidere quasi tutto.

Utile lo sviluppo del mondo immaginativo, grazie al quale le sensazioni possono essere tradotte e modificate nel momento del dolore.

Esiste un dolore che può essere eliminato ma c'è quello che è utile sentire. La gestazione può essere causa di sofferenze muscolari o altri malesseri su cui è possibile intervenire con le pratiche ipnotiche generiche accennate, ma il parto pretende un trattamento molto diverso.

Avere una buona conoscenza delle aree anatomiche coinvolte nell'evento consente di ascoltarne i movimenti e favorire le necessarie modificazioni: visualizzare il bacino osseo e quello molle che dovranno dilatarsi, immaginare la spinta provocata dalle contrazioni utili all'accorciamento dell'utero, dal basso verso l'alto per appiattirne il collo e in direzione opposta per costringerlo all'apertura e permettere la nascita, sentire il percorso del bambino per accompagnarlo alla luce.

Contemporaneamente sarà utile avere costruito una zona relax mentale, dove poter rapidamente e ripetutamente recuperare le forze tra una contrazione e l'altra.

Conoscere il percorso in anticipo rispetto al momento del parto consentirà di prendere confidenza con la pratica per saperla gestire in autonomia, oltre a poterne sfruttare i benefici in ogni epoca della gestazione.

12. Una nuova guida

Con la modalità che già conosci, permettiti di trovarti su quel prato verde che ti porterà ad esplorare nuovi percorsi.

Davanti a te si presentano diverse strade, ognuna porta ad un'esperienza nuova. Scegline una e incamminati.

Cammina... i tuoi passi si muovono su un sentiero di foglie... morbide sotto i tuoi piedi... senti il profumo dell'aria, i raggi del sole filtrano attraverso i rami di quegli alberi che indicano la direzione.

Ad un certo punto lo spazio si allarga, diventa più luminoso... davanti a te una collina.

Prosegui sul sentiero... che sale... Senti i muscoli delle gambe che si scaldano, i tuoi piedi saldamente ti portano a salire sempre più su e mano a mano che sali... scendi sempre più profondamente dentro di te... e mano a mano che sali... il paesaggio appare nel suo insieme... guardi le cose da una nuova prospettiva... e puoi vedere l'armonia delle situazioni... puoi accorgerti di cosa potrebbe migliorare.

La strada continua a salire e pensi che lo zaino che stai portando sulle spalle potrebbe essere più leggero... Ti fermi...lo togli... lo apri... guardi... se c'è qualcosa che puoi lasciare lì... che non ti serve in questo momento... certo che potrai tornare a riprenderla al ritorno.

E ricominci a camminare... il sentiero gira attorno alla collina e ti mostra altri paesaggi.

Ora davanti a te un lago... la superficie calma... riflette la collina e tutto quanto intorno.

Decidi di bagnarti in quelle acque... ti immergi poco alla volta e senti quell'acqua... della temperatura che piace proprio a te... avvolge e massaggia le tue caviglie... i polpacci... le cosce... il ventre... il petto... le spalle.

Un'acqua speciale che ti permette di respirare come fosse aria... e ti immergi completamente... e ti lasci andare... e puoi vedere le bolle che escono dal tuo naso... dalla bocca... che ti permettono di scendere ancora più profondamente dentro di te... e di sentire i tuoi pensieri che si liberano in quell'acqua... alcuni se ne vanno assieme a quelle bolle... altri prendono un nuovo ordine... la luce filtra attraverso la superficie e senti una piacevole energia... muove correnti calme e ti fa sentire proprio bene.

Quando vorrai, potrai uscire... il corpo leggero ed energico si asciuga ad ogni passo... la mente aperta... riprendi il cammino verso la cima della collina... dove qualcuno ti sta aspettando.

Qualcuno è lì proprio per te... per dare risposta alle tue domande... indicarti la direzione... ascoltarti.

Il sentiero fa un'ultima curva e sei arrivato... sull'altipiano... la cima della collina che ti accoglie con un grande prato... l'ampio panorama... e sotto quel grande albero... su quella collina... c'è la tua guida... ti stava aspettando.

Ti avvicini... la guardi... sai che è la persona saggia alla quale puoi rivolgere le tue domande... che ti dirà quello che in questo momento è utile per te.

Parole... sguardi... silenzi.

E quando tutto sarà stato detto la ringrazierai e riprenderai il tuo cammino per tornare.

Passerai per quel punto dove forse avevi lasciato qualcosa e potrai decidere se lasciarla per sempre oppure riprenderla.

Guarderai quel paesaggio da una diversa prospettiva e ti stupirai nell'accorgerti di quanto appaia diverso, visto da un'altra direzione.

Arrivi in pianura... imbocchi il sentiero che ti porterà nel grande prato dal quale eri partito... e porterai con te tutto quello che di piacevole e positivo hai vissuto in questa esperienza.

Coi tuoi tempi... quando lo vorrai... potrai riaprire gli occhi e tornare al tuo presente... coi tuoi tempi.

13. Alla fine

Cosa successe poi?

Ci volle tempo, per riuscire ad accettare la mancata approvazione del mio cambiamento. Ero rimasta intrappolata in una sorta di doppio legame, nell'incongruenza filosofata da Bateson che caratterizza la comunicazione di alcune relazioni emotivamente significative: messaggi di malcelato contenuto dispregiativo sostenuti dall'alibi dell'affetto.

Avevo creduto di dover rimanere garante del mio ruolo ma la conoscenza della conoscenza ad un certo punto mi spinse con molta determinazione a scegliere, poiché tutto procede finché non arrivano le domande e, per quanto abbia detto in prefazione dell'importanza del dubbio, quando si tratta di decidere sarebbe meglio non averne.

Le nostre scelte sono influenzate anche dalle aspettative che pensiamo gli altri abbiano su di noi ed è reale il rischio di finire come il protagonista di quel film, che nell'intento di farsi notare decide di non partecipare alla festa.

Alla fine io alla festa ci sono andata e mi sono anche divertita. Per quanto consapevole che esistano rapporti relazionali per ognuno imprescindibili, ancor più importante è sapere di poter salutare e andarsene.

Lasciare non basta: occorre dirigersi verso qualcosa. L'ascolto di sé permette di avere un quadro molto dettagliato della situazione ed un più approfondito ascolto di sé rende manifesta la direzione desiderata. Un desiderio che rappresenta il bisogno e lo rende attraente, motiva al progetto, esalta gli effetti auspicati, esorta all'azione.

Questo è ciò che intendo per cambiamento: il riconoscimento di un'organizzazione migliore possibile.

Ho raccontato teorie e considerazioni ricavate dalla mia esperienza, mescolato fonti che hanno agito diversi apprendimenti e prodotto altre considerazioni ma, come ho già detto, le teorie si adattano a quello che si intende dimostrare.

Per questo amo l'ipnosi, manifestazione concreta del pensiero, dimostrazione pratica dell'intenzione, sa esprimere la nostra impegnativa originalità.

La trance si modella con la materia presente al momento, assecondando intuizioni, tenendo presente una richiesta di partenza o godendosi semplicemente l'esplorazione, attraverso stati mentali che ci portino oltre la realtà immediatamente circostante.

Un desiderio di trascendenza che ci aiuti a guardare più lontano, a pensare di poterci spingere al di là dei limiti che crediamo di avere.

14. Talenti

Poniti nella condizione che ti permetta di scendere in ascolto e porta l'attenzione al punto esatto al centro della tua fronte... perfettamente allineato al punto esatto al centro del tuo petto... perfettamente allineato al punto esatto al centro della tua pancia... Il tuo respiro scorre tra questi tre punti e ti permette di sentire quale... in questo momento... può essere il centro della tua attenzione... tra testa... cuore... ombelico..

Scegli il punto e concentrati su quello... tutta la tua attenzione è in quel punto...

Ora immagina che da quel punto parta un fascio di luce diretto in avanti... una luce si proietta davanti a te... sempre più avanti... fino a toccare il confine che in questo momento rappresenta il tuo limite...

Da quello stesso punto parte un fascio di luce diretto all'indietro... illumina sempre più indietro... sempre più indietro fino a toccare il confine che in questo momento rappresenta il tuo limite...

Torna al punto e fai partire un fascio luminoso a destra... un altro a sinistra... e falli allungare ad illuminare sempre più lontano... lontano fino a toccare il confine che in questo momento rappresenta il tuo limite...

Ora dal punto, che è il centro della tua attenzione, fai partire una luce che si proietti sopra di te... attraversa il tuo corpo verso l'alto e si allunga sopra la testa... illumina più in alto... sempre più lontano fino a toccare il confine che in questo momento rappresenta il tuo limite...

Da quello stesso punto parte un ultimo fascio di luce... verso il basso... attraversa il tuo corpo, esce dai piedi e penetra nella terra... si allunga verso il centro della terra... fino a toccare il confine che in questo momento rappresenta il tuo limite.

Ora ti trovi al centro dello spazio delle tue possibilità... i confini sono lontani... e sai che potranno allontanarsi ancora di più... ogni volta che vorrai esplorare... lasciare i tuoi pensieri liberi di uscire dai confini della tua mente...

Scegli uno strumento musicale e suonalo... le tue dita si muovono sapienti... il tuo respiro si adatta al ritmo... le note si diffondono nell'aria e riempiono quello spazio... la musica ti avvolge.

Scegli un materiale da lavorare e sentilo tra le tue mani... potrebbe essere roccia... creta... legno... lascia che una forma emerga... la guardi... cosa sembra?

Ora prendi quel pennello e quei colori... poniti davanti alla tela e dipingi... mentre la musica continua a suonare nell'aria... un quadro poco alla volta compare... si completa... dagli un titolo.

Ti muovi all'interno di questa grande bolla e sai che puoi sperimentare ciò che vuoi... con quello che vuoi... con chi vuoi.

E quando avrai provato... creato... osato... lascia che i fasci di luce tornino lentamente... al punto dal quale erano partiti... e mano a mano che si avvicinano al punto... puoi sentire la forza della tua creatività... dei tuoi insospettati talenti... la voglia di scoprire e dare vita a qualcosa di nuovo.

15. Oltre

Vado verso il mio campo di grano, il frinire delle cicale sovrasta ogni rumore, il giallo dell'estate riempie gli occhi. Davanti a me Rebecca mi guarda, mi prende per mano e insieme andiamo.

Come su uno scivolo percorriamo verdi vallate, navighiamo sui fiumi, scendiamo giù dalle montagne e ci tuffiamo in un grande mare. So che da quel mare potrò prendere. A quel mare vorrei dare.

Allungo una mano e un'onda si crea, si espande fino a confondersi con un'altra onda, un'altra mano, un nuovo ampio, unico movimento.

L'onda diventa pensiero, lo lascio navigare perché possa incontrarne altri.

Diventa disponibilità, la faccio galleggiare affinché chi vuole la possa prendere.

Diventa luce, che illumina questa grande rete, che crea questa grande mente che protegge e stimola, propone e dà, riconosce e prende.

Rimango nella mente, mentre torno al mio corpo, all'ambiente concreto e fisico nel quale respiro, vedo e vivo, oltre lo spazio immediatamente circostante, tra cervello, cuore e ombelico.

Indice

Bibliografia

Richard Bandler, *Usare il cervello per cambiare* - Astrolabio-Ubaldini Editore 1986

Richard Bandler - John. Grinder, *Ipnosi e trasformazione* - Astrolabio - Ubaldini Editore 1983

Richard Bandler - John. Grinder, *La ristrutturazione* - Astrolabio - Ubaldini Editore 1983

Richard Bandler - John. Grinder, *La struttura della magia* - Astrolabio - Ubaldini Editore 1981

Gregory Bateson, *Mente e natura* - Adelphi 1984

Gregory Bateson, *Verso un'ecologia della mente* - Adelphi 1976

Gregory Bateson, *L'umorismo nella* comunicazione umana - Raffaello Cortina Editore 2006

Robert Dilts - Tim Hallbom - Suzi Smith, *Convinzioni* - Astrolabio - Ubaldini Editore 1998

Milton H. Erickson, *La mia voce ti accompagnerà* - Astrolabio - Ubaldini Editore 1983

Milton H. Erickson, *Guarire con l'ipnosi* - Astrolabio - Ubaldini Editore 1984

Milton H. Erickson, *La comunicazione mente corpo in ipnosi* - Astrolabio - Ubaldini Editore 1988

Milton H. Erickson, *Le nuove vie dell'ipnosi* - Astrolabio -

Ubaldini Editore 1978

Milton Erickson - Ernest Rossi - Sheila Rossi, *Tecniche di suggestione ipnotica* - Astrolabio - Ubaldini Editore 1979

Milton Erickson - Ernest L. Rossi, *L'uomo di febbraio* - Astrolabio - Ubaldini Editore 1992

Milton Erickson - Ernest L. Rossi, *L'esperienza dell'ipnosi* - Astrolabio - Ubaldini Editore 1985

Erich Fromm, *Avere o Essere?* - Mondadori Editore 2008

Jay Haley, *Terapie non comuni* - Astrolabio - Ubaldini Editore 1976

Aleksandr R. Lurija, *Viaggio nella mente di un uomo che non dimenticava nulla* - Editore Armando 2011

Aleksandr R. Lurija, *Un mondo perduto e ritrovato*- Adelphi 2015

Alejandro Jodorowsky, *Psicomagia* - Feltrinelli 2004

Bradford P. Keney, *L'estetica del cambiamento* - Astrolabio - Ubaldini Editore 1985

Gianluca Magi, *Il gioco dell'eroe* - Il punto d'incontro 2012

Gianluca Magi, *I 64 enigmi* - Sperling & Kupfer 2015

Humberto Maturana, *Autocoscienza e realtà - Raffaello Cortina Editore 1993*

Humberto Maturana - Francisco Varela, *L'albero della conoscenza* - Garzanti Editore 1987

Edgar Morin, *La testa ben fatta* - Raffaello Cortina Editore 2000

Antonella Giulia Pizzaleo, *Fuzzy Logic* - Castelvecchi 2004

Ernest L. Rossi, *La psicobiologia della guarigione psicofisica*, Astrolabio - Ubaldini Editore 1987

Oliver Sacks, *Allucinazioni* - Adelphi 2013

Oliver Sacks, *Emicrania* - Adelphi 1992

Oliver Sacks, *L'uomo che scambiò sua moglie per un cappello* - Adelphi 1986

Ernst Von Glasersfeld, *Il costruttivismo radicale* - Società Stampa Sportiva 1998

Paul Watzlawick, *Il linguaggio del cambiamento* - Feltrinelli 2004

Paul Watzlavick - J.H. Beavin - Don D. Jackson, *Pragmatica della comunicazione umana* - Astrolabio - Ubaldini Editore 1971

Carl A. Whitaker, *Considerazioni notturne di un terapeuta della famiglia* - Astrolabio - Ubaldini Editore 1990

www.ipnotizzando.com

www.ingramcontent.com/pod-product-compliance
Lightning Source LLC
Chambersburg PA
CBHW060152290526
45789CB00003B/1017

* 9 7 8 1 5 3 9 3 6 4 9 9 3 *